BEI GRIN MACHT SICH IHR WISSEN BEZAHLT

- Wir veröffentlichen Ihre Hausarbeit,
  Bachelor- und Masterarbeit

- Ihr eigenes eBook und Buch -
  weltweit in allen wichtigen Shops

- Verdienen Sie an jedem Verkauf

Jetzt bei www.GRIN.com hochladen
und kostenlos publizieren

GRIN

Bibliografische Information der Deutschen Nationalbibliothek:

Die Deutsche Bibliothek verzeichnet diese Publikation in der Deutschen National-
bibliografie; detaillierte bibliografische Daten sind im Internet über http://dnb.d-
nb.de/ abrufbar.

Impressum:

Copyright © 2018 GRIN Verlag
Druck und Bindung: Books on Demand GmbH, Norderstedt Germany
ISBN: 9783346075369

Paula Müller

Die Ursache der Wasserknappheit in Afrika

Eine volkswirtschaftliche Analyse

GRIN Verlag

GRIN - Your knowledge has value

Der GRIN Verlag publiziert seit 1998 wissenschaftliche Arbeiten von Studenten, Hochschullehrern und anderen Akademikern als eBook und gedrucktes Buch. Die Verlagswebsite www.grin.com ist die ideale Plattform zur Veröffentlichung von Hausarbeiten, Abschlussarbeiten, wissenschaftlichen Aufsätzen, Dissertationen und Fachbüchern.

Besuchen Sie uns im Internet:

http://www.grin.com/

http://www.facebook.com/grincom

http://www.twitter.com/grin_com

Die Ursache der Wasserknappheit in Afrika

Master of Arts

Internationales Management

TU Dresden

Paula Müller

Inhaltsverzeichnis

1 Einleitung

Rund 780 Millionen Menschen auf der Welt haben keinen Zugang zu sauberem Trinkwasser. Die Mehrheit dieser Menschen lebt auf dem afrikanischen Kontinent. Auf den ersten Blick scheint das im Zusammenhang mit dem trockenen Klima in diesen Ländern zu stehen. So wird es in der Werbung von Hilfsorganisationen suggestiert. Aber was, wenn klimatische Faktoren keine Rolle spielen? Wo liegen die wahren Ursachen? Und was können wir tun?

Seit Jahrzehnten werden Milliarden an Entwicklungshilfen an die betroffenen Länder gespendet. Und dennoch kann das Grundbedürfnis nach Wasser nicht befriedigt werden. Müssen wir unsere Entwicklungsarbeit überdenken?

In dieser Arbeit soll der Trinkwassermangel analysiert und Lösungsvorschläge unterbreitet werden. Dabei wird der Kontinent und darin die Länder mit der größten Wasserknappheit für Konsumenten betrachtet, da an einem extremen Beispiel Problemstrukturen oft am ehesten erkennbar sind.

Nach der Ursachenanalyse des Trinkwassermangels folgen eine allgemeine Übersicht über Lösungsansätze und dann eine tiefergehende Ergründung des dezentralen Wassermanagement. Das Ergebnis dieser Arbeit ist ein Konzept zur Aufgabenverteilung zwischen zentralen und dezentralen Institutionen, welches am Beispiel von Uganda getestet wird. Am Ende folgt ein Querschnitt über die Arten der Beschaffung und Verteilung von Wasser.

Das Ziel ist es einen detaillierten Lösungsvorschlag zur Bekämpfung des Trinkwassermangels zu liefern, um folgende Forschungsfrage zu beantworten:

Wie können alle Menschen mit Trinkwasser versorgt werden?

2 Die Ursache der Wasserknappheit in Afrika

Auf dem afrikanischen Kontinent ergeben sich für den Anteil der Bevölkerung, die Zugang zu sauberen Trinkwasser haben, die schlechtesten Werte - mit teilweise unter 50% in den Sub-Sahara Regionen, die am stärksten unter Trinkwassermangel leiden (Diercke). Es wird geschätzt, dass ca. 300 Millionen von 800 Millionen Menschen in diesem Gebiet nicht ausreichend Zugang zu Trinkwasser haben. (United Nations Department of Economic and Social Affairs)

Im folgenden Abschnitt wird der klimatische Kontext dieser Knappheit betrachtet und untersucht, ob er eine Erklärung für die Problematik bietet.

2.1 Klimatische Faktoren

Afrika gilt als zweit-trockenster Kontinent der Welt nach Australien und hat jährlich je nach Region zwischen 100 bis 500 Millimeter Regen pro Quadratmeter (United Nations Department of Economic and Social Affairs). Allerdings kann festgestellt werden, dass der Regen in den trinkwasserärmsten Regionen am häufigsten vorkommt (Diercke). Neben dem Niederschlag, stellen Grundwasserreserven und die Temperaturen eine wichtige Rolle bei der Beurteilung des klimatischen Kontexts. Aus den hohen durchschnittlichen Temperaturen, die bis über 40°C reichen (Diercke), entsteht gerade in den am meisten von Trinkwasserknappheit betroffenen Staaten ein hoher Verdunstungsgrad, der diesen Mangel begünstigt. Grundwasserreserven sind wiederum sowohl in trinkwasserreichen als auch in trinkwasserarmen Regionen vorhanden.

Aus dieser Analyse wird folgende Schlussfolgerung abgeleitet: Beim Trinkwassermangel handelt es sich nicht um ein klimatisches oder geographisches, sondern um ein ökonomisches Problem. Diese Ansicht wird auch vom United Nations Department of Economic and Social Affairs unterstützt. Dazu wird informiert, dass ca. 80% aller Länder in Afrika ihre eigenen Ziele im Wassermanagament nicht erreichen können, was diese Hypothese unterstützt. Um ein genaueres Bild von der ökonomischen Dimension der Problematik zu erhalten, wird im nächsten Teil dieser Arbeit eine volkswirtschaftliche Analyse des Gutes Wasser vorgestellt.

2.2 Eine volkswirtschaftliche Analyse des Gutes Wasser

Wasser wird in der Öffentlichkeit oft als öffentliches Gut bezeichnet. Diese Art von Gütern weist zwei Eigenschaften auf: die Nicht-Ausschließbarkeit und die Nicht-Rivalität im Konsum.

Ersteres bedeutet, dass auf die Nutzung dieses Gutes nicht verzichtet werden kann. In Maslows Pyramide der menschlichen Bedürfnisse lässt sich Wasser auf der untersten Eben einordnen und zählt damit zu den Grundbedürfnissen des Menschen. Dabei dient es nicht nur direkt nicht-ausschließbar, da der Körper Flüssigkeit benötigt, sondern auch indirekt: Wasser wird auch genutzt um Nahrungsmittel anzubauen bzw. Tiere zu versorgen, von denen der Mensch sich ernährt.

Die Nicht-Rivalität im Konsum bedeutet, dass ein Gut von mehreren Verbrauchern zur gleichen Zeit konsumiert werden kann. Ein klassisches Gut, dass beide dieser Eigenschaften aufweist ist z.b. Sicherheit. Durch den Konsum von Sicherheit hat ein Anderer nicht weniger davon. Allerdings trifft diese Eigenschaft nicht auf Wasser zu. Wenn ein Glas Wasser konsumiert wird, kann es nicht mehr von einer anderen Person aufgenommen werden. Es kann auch nicht gleichzeitig konsumiert werden. Das heißt, dass eine Rivalität im Konsum besteht. Aus diesem Grund ist Wasser kein öffentliches Gut, sondern wird als Allmendegut bezeichnet. Aus dieser Art von Gütern lassen sich einige bekannte Probleme ableiten.

2.2.1 Trittbrettfahrerproblem

Das sogenannte Trittbrettfahrerproblem tritt sowohl bei öffentlichen Gütern als auch bei Allmendegütern auf. Die Ursache für dieses Phänomen ist die Nutzung eines Gutes ohne Gegenleistung. Im Fall von Wasser kann auf dieses Gut aufgrund seiner Nicht-Ausschließbarkeit nicht verzichtet werden aber gleichzeitig haben große Teile der Bevölkerung nicht die finanziellen Mittel, um dafür zu bezahlen. Die Gegenleistung in Form von Geld bleibt also aus.

Die Verteilung eines Gutes ohne den Erhalt einer Gegenleistung wiederum, macht dieses Geschäft für Unternehmen unattraktiv. Aus diesem Grund ist das Angebot von Allmendegütern mit dem Trittbrettfahrerproblem durch private Anbieter unzureichend. Da Wasser jedoch unverzichtbar ist, muss es alternativ von staatlicher Seite oder anderen Institutionen bereitgestellt werden.

2.2.2 Die Tragik der Allmende

Bei Allmendegütern entwickelt sich das Trittbrettfahrerproblem dann weiter zur sogenannten „Tragik der Allmende". Die Basis dieser Problematik ist, dass ein Gut theoretisch frei verfügbar ist, es aber in seiner Masse begrenzt ist oder nicht effizient genutzt wird. Wie bei der Analyse des klimatischen Kontexts festgestellt wurde, existieren Wasserressourcen in trinkwasserarmen Gebieten. Sie sind gleichzeitig in ihrer Masse begrenzt und werden nicht effizient genutzt, da sie entweder gar nicht gewonnen bzw. gespeichert werden oder durch Verdunstung, undichte Leitungen und Ähnlichem verloren geht. Ein weiterer Grund für die ineffiziente Nutzung von Wasser ist, dass seine Besitzrechte in vielen Gebieten noch nicht geklärt wurden und der Zugang zu guten Technologien und Konstruktionen aufgrund des Mangels an finanziellen Ressourcen fehlt.

Eine Folge dieser „Tragik" kann eine Übernutzung sein. Ein klassisches Beispiel für dieses Problem ist die Überfischung von Gewässern. Bei der Betrachtung von Wasser, kann eine Übernutzung auftreten, wenn z.B. Wasserspeicher nicht bis in die nächste regenarme Jahreszeit reichen, da zu viel dieses Gutes verloren geht.

Des Weiteren entsteht ein sogenannter „Aneignungskampf". Die Nicht-Ausschließbarkeit in Kombination mit einem mangelhaften Angebot verstärkt die Rivalität im Konsum. Im Extremfall kann dies zum Begehen von Verbrechen für die Aneignung von Wasser führen.

Am Ende entsteht daraus ein klassisches soziales Dilemma: Alle Betroffenen haben das gleiche Bedürfnis nach Wasser. Gleichzeitig stehen sie in Konkurrenz im Konsum zueinander. Es bestehen also übereinstimmende und divergente Interessen, die aus volkswirtschaftlicher Sicht in den meisten Fällen nicht dazu führen, dass die Betroffenen zusammenarbeiten und eine Lösung für alle Beteiligten suchen. Stattdessen werden die Probleme durch die gegensätzlichen Interessen verstärkt.

2.2.3 Externe Effekte bei Wasserknappheit

Außerdem folgt aus der „Tragik der Allmende" eine Reihe von externen Effekten.

Das bereits erläuterte Problem, dass der Konsum durch einen Nutzer den Konsum durch einen anderen einschränkt wird als negativer positionaler Effekt bezeichnet und ist in der Volkswirtschaft dafür bekannt durch den sogenannten „Aneignungskampf" Marktversagen zu verursachen. Um Güter dieser Art für alle zugänglich zu machen ist es nötig eine Zugangs-begrenzung bzw. einen Verteilungsmechanismus einzuführen. Von staatlicher Seite aus können für den Wasserkonsum z.B. Quoten oder Verfügungsrechte eingeführt werden.

Ein negativer technologischer Effekt entsteht beispielsweise, wenn durch Umweltverschmut-zung das Angebot von Trinkwasser weiter sinkt und die Situation dadurch verstärkt wird. Damit wird ein Marktversagen noch wahrscheinlicher. In den am meisten betroffenen Län-dern existieren auch nicht ausreichend Regularien, um die Verschmutzung sowohl durch Privatpersonen als auch durch Unternehmen zu verhindern.

Im ersten Teil der Analyse wurde schon angesprochen, dass Unternehmen ein Anreiz fehlt Wasser anzubieten, wenn dafür keine Gegenleistung erbracht werden kann. Dieses Phäno-men wird durch einen positiven technologischen externen Effekt erweitert. Dabei profitieren Dritte mehr von einer Sache als dessen Verursacher. Wenn eine bessere Technologie für die Gewinnung, Speicherung oder den Transport von Wasser wie z.B. eine hochwertige dichte Rohrleitung durch Unternehmen angeboten wird, profitieren die Nutzer davon enorm, da ihr Grundbedürfnis nach Wasser dadurch gesichert werden kann. Allerdings wird das Unter-nehmen von der Bereitstellung weniger profitieren, da den betroffenen Staaten meist das Kapital für eine derartige Anschaffung fehlt. Deshalb gibt es keinen ökonomischen Anreiz für das Unternehmen eine individuelle Technologie zu entwickeln und anzubieten. Folglich wer-den Maßnahmen zum Bau von Wasseranlagen oft nur von Hilfsorganisationen, Drittländern und internationalen Organisationen im Rahmen von Entwicklungsarbeit durchgeführt, weil diese nicht ökonomischen sondern humanitären Anreizen folgen. Wenn private Anbieter in den Markt einsteigen sollen, müssen Subventionen durch dritte Institutionen angeboten wer-den.

3 Dublin Prinzipien

Um herauszufinden inwiefern das ökonomische Management von Wasser verbessert werden kann, werden in diesem Abschnitt die Dublin Prinzipien zu einem nachhaltigen Wasserma-nagement betrachtet. Daraus ergeben sich erste Hinweise aus die Lösung des Problems. Vom 26.-30. Januar im Jahr 1992 fand die Conference on Water and the Environment (ICWE) in Dublin statt. Insgesamt 500 Teilnehmer, darunter Experten aus 100 Ländern und Vertreter von 80 internationalen und zwischenstaatlichen Organisationen und NGOs haben Prinzipien über Wasser und dessen nachhaltige Nutzung festgestellt. Es folgt eine freie Übersetzung der Prinzipien: (Diercke 3)

› Prinzip 1: Frisches Wasser ist eine endliche und verwundbare Ressource. Es ist essenti-ell für den Erhalt von Leben, die Weiterentwicklung und die Umwelt.

Dieses Prinzip soll einen ganzheitlichen Ansatz fördern, bei dem die Interessen der drei Di-mensionen der Nachhaltigkeit People, Planet und Profit gleichwertig Beachtung finden sol-len.

› Prinzip 2: Wasserentwicklung und –management sollte auf einen gemeinschaftlichen Ansatz basieren, der Nutzer, Planer und Gesetzgeber auf allen Ebenen involviert.

Die Gemeinschaft sollte im Wassermanagement eingebunden werden, um ein Bewusstsein für eine nachhaltige Nutzung zu schaffen. Laut den offiziellen Ausführungen zu diesem Prin-zip soll dies auf der „kleinsten angemessenen Ebene" stattfinden und mit „vollster öffentlicher Rücksprache". Nutzer sollen sowohl in die Planung als auch in die Umsetzung involviert werden.

› Prinzip 3: Frauen spielen eine zentrale Rolle in der Bereitstellung, dem Management und dem Schutz von Wasser.

In vielen Ländern mit Trinkwassermangel ist es die Aufgabe der Frauen Wasser zu beschaf-fen. Aus diesem Grund ist ihre Involvierung besonders wichtig, damit nachhaltig mit dieser Ressource umgegangen wird. Explizit wird angegeben, dass sie zudem „spezielle [hygieni-sche] Bedürfnisse" im Bezug auf Wasser haben und selbst bestimmen sollen auf welche Art und Weise sie im Wassermanagement mitwirken.

› Prinzip 4: Wasser hat einen wirtschaftlichen Wert in all seinen konkurrierenden Nut-

zungsformen und sollte als wirtschaftliches Gut betrachtet werden.

Bei dem letzten Prinzip wird darauf Bezug genommen, dass es sich in den meisten Fällen

von Wassermangel um ein ökonomisches Problem handelt. Es wurde offiziell ausgeführt,

dass der Zugang zu sauberen Wasser ein Grundrecht ist und es als Wirtschaftsgut im be-

sonderen Maße effizient verteilt, genutzt und geschützt werden soll.

Aus diesen Prinzipien soll nun ein geeigneter Lösungsansatz für eine tiefergehende Analyse

in dieser Arbeit entnommen werden. Da dieser Beleg im Rahmen der Umweltvertiefung zum

Thema Regionalität und Nachhaltigkeit geschrieben wird, bietet sich eine genauere Untersu-

chung von Prinzip 2 an: der Umgang mit Wasser auf der „auf kleinsten angemessenen Ebe-

ne" betont die Wichtigkeit von dezentralem Wassermanagement. Inwiefern diese Thematik

Regionalität entspricht wird im nächsten Absatz geklärt.

4   Regionalität im Wassermanagement

Im Allgemeinen wird als Region ein lokal begrenztes Gebiet bezeichnet unabhängig von

dessen Größe. Im weiteren Sinne kann sich dieser Begriff auf einen bestimmtes Einfluss-

oder Wirkungsbereich beziehen oder wie in der ursprünglichen lateinischen Verwendung auf

ein Herrschaftsgebiet.

Beim dezentralen Wassermanagement steht also die administrative Ebene auf der es betrie-

ben wird für Regionen mit unterschiedlichen Dimensionen. Anstatt sich auf eine Region zu

spezialisieren, werden die Unterteilung und die Größe der Regionen selbst betrachtet und

bewertet. Da die „kleinste angemessene Ebene" angestrebt werden soll, steht dezentrales

Wassermanagement im Einklang mit der volkstümlichen Verwendung des Begriffes Regiona-

lität als Beschreibung von kleinräumigen geografischen Einheiten.

5 Zentrales vs. dezentrales Management

5.1 Dezentrales Wassermanagement in Nepal

Für die Bewertung von dezentralem Wassermanagement steht eine wegweisende Studie der Nobelpreisgewinnerin Elinor Ostrom zur Verfügung. Sie gilt als Expertin für Allmendegüter und untersuchte deren dezentrale Verwaltung. Eine wegweisende Studie fertigte sie dazu über das dezentrale Wassermanagement in Nepal an.

Im 18. Jahrhundert hatte der dortige König befohlen, dass alle Wasserangelegenheiten nicht mehr von Regierungen und Gerichte, sondern fortan von den Betroffenen selbst geregelt werden sollen. Daraufhin entwickelten sich durch das Ausprobieren verschiedener Techniken eine dezentrale Verwaltung des Gutes Wasser. Der Staat agiert bis heute nur in der Besteuerung dieses Allmendeguts.

Im Rahmen ihrer Arbeit sammelte Ostrom über 7 Jahre hinweg Daten über ca. 100.000 unabhängige lokale Wassersysteme in kleinen Dörfern mit teilweise nur 15 Einwohnern. Sie unterschied zwischen Farmer Managed Irrigation Systems (FMIS) und Agency Managed Irrigation Systems (AMIS). FMIS sind Wassersysteme, die von Bauern gebaut und von der lokalen Bevölkerung verwaltet werden. AMIS wiederum werden von Unternehmen gebaut und von einer zentralen Regierungseinheit gemanaged. Ostrom beurteilte die Leistung dieser Systeme und verglich sie. Demnach sind die Ergebnisse der verschiedenen Dimensionen der Leistungsmessung über unterschiedliche Landschaftsarten in allen Bereichen bei den FMIS besser. Darüber hinaus weisen FMIS weniger schlimme Regelverstöße auf, das Wissen über das Wassersystem ist größer und das gegenseitige Vertrauen ebenfalls. Die Effektivität eines dezentralen Wassermanagements konnten in dieser Studie erstmals nachgewiesen werden.

Daraus zog Elinor Ostrom folgende Schlüsse: Das Management von Allmendegütern ist auf Gemeindeebene und genossenschaftlicher Ebene erfolgreicher als auf staatlicher. Die Gründe hierfür liegen in der Nähe zu Angebot und Nachfrage vor Ort. Nutzer werden demokratisch in Entscheidungen sowie Bau und Verwaltung einer Anlage involviert. Dadurch entsteht

Kooperation über ein Gut anstatt Wettbewerb und das in der volkswirtschaftlichen Analyse beschriebene soziale Dilemma sowie der „Aneignungskampf" werden damit verhindert.

Der Erfolg eines derartigen Ansatzes ist jedoch von zwei Bedingungen abhängig: Alle Beteiligten müssen sich auf das Einhalten der Regeln verpflichten und es muss eine regelmäßige Kontrolle dessen stattfinden.

Die Übertragbarkeit dieser Studie auf Regionen mit anderen klimatischen und geografischen Bedingungen ist gegeben, da wie bereits erläutert, Wassermangel nicht durch klimatische Faktoren verursacht wird. Stattdessen ist es ein wirtschaftliches Problem, das mittels eines wirtschaftlichen Lösungsansatzes behoben werden muss.

5.2   Vorteile von dezentralem Wassermanagement

In die folgenden drei Abschnitte sollen die Vorteile, Nachteile und Risiken eines dezentralen Wassermanagements analysiert werden. Dabei werden unter Anderem Quellen zu dezentralen Management allgemein sowie zu dezentraler Beschaffung herangezogen.

Das am meisten genutzte Argument für ein dezentrales Management ist die Nähe zum Kunden bzw. zum Nutzer. Die individuellen Bedürfnisse und Umstände der Nutzer können besser analysiert werden. In einem System wie in Nepal kennen die Verantwortlichen viele Konsumenten sogar persönlich und können daher besser einschätzen welche Lösung am besten für die Gemeinde ist.

Durch die Reduktion von Hierarchieebenen werden zudem der Kommunikationsaufwand und der Umfang der Bürokratie reduziert.

Gerade im Bereich Wassermanagement kann beobachtet werden, dass die Motivation der lokalen Regierungen steigt, je mehr Verantwortung ihnen übergeben wird. Darüber hinaus gewinnt Wassermanagement an Priorität je regionaler es betrieben wird. Das liegt vermutlich daran, dass sich eine Zentralregierung mit viel mehr Thematiken beschäftigen muss als eine lokale Institution. Außerdem kommen die Gemeinden mit den täglichen Bedürfnissen der Menschen viel stärker in Kontakt.

In der Literatur wird mehrfach argumentiert, dass lokale Entscheidungen eine höhere Flexibilität und Schnelligkeit aufweisen. In Bezug auf die relevanten Regionen muss diese Dimension differenziert betrachtet werden. Dass lokale Entscheidungen schneller und flexibler sind, scheint logisch, da weniger Hierarchieebenen und Verantwortliche involviert sind. Wenn Gemeinden jedoch zusammenarbeiten gibt es wiederum beim dezentralen Management mehr Entscheidungsträger und Institutionen, die involviert sind. Deshalb wäre in dem Fall die Entscheidungsgebung durch eine zentrale Regierung effizienter.

5.3 Nachteile von dezentralem Wassermanagement

Der lokale Fokus bietet zwar Vorteile durch die Nähe zum Konsumenten aber auch Nachteile. Wie oben bereits dargestellt, werden überregionale Entscheidungen durch einen höheren Koordinations- und Kommunikationsaufwand durch einer größeren Anzahl an Beteiligten erschwert. Außerdem fehlt den lokalen Verantwortlichen der zentrale Überblick über die verschiedenen Gemeindeprojekte. Aus diesem Grund wird die Entwicklung einer gemeinsamen Strategie erschwert. Diese ist insbesondere bei der Beschaffung von Wasser wichtig. Bei der Aufteilung der für die Beschaffung verantwortlichen Einheiten kommt zu es zu sogenannten Diseconomies of Scale oder negativen Skaleneffekten: die Fixkostenanteile steigen. Deshalb wird in der Logistik gesagt, dass eine dezentrale Beschaffung nur dann Sinn macht, wenn eine Ressource lokal vor Ort existiert.

Die Finanzierung allgemein kann durch das dezentrale Management allgemein negativ beeinflusst werden: die Allokation, Koordination und Kontrolle von finanziellen Mitteln wird durch die gesteigerte Komplexität der Verwaltungsstrukturen erschwert.

Des Weiteren hat die Durchführung von dezentralen Wasserprojekten einige Probleme ergeben, die spezifisch für Entwicklungsländer sind:

Die Qualität von lokalen Entscheidungen bedingt eine fachliche Kompetenz der Verantwortlichen. Allerdings ist sowohl das technische als auch das betriebswirtschaftliche Knowhow in afrikanischen Staaten auf Gemeindeebenen oft nicht vorhanden. Deshalb beinhalten viele Wasserprojekte die Schulung der lokalen Entscheidungsträger.

Zudem leiden Viele der betroffenen Länder unter Korruption, die durch eine komplexere Finanzierungsstruktur begünstigt werden könnte.

Darüber hinaus zögern viele der betrachteten Staaten lokalen Institutionen Verantwortung zu übergeben, da sie befürchten, dass dies die Autonomiebewegungen verschiedener Volksgruppen fördern könnte. Durch die Kolonisierung wurden unterschiedliche Stämme in einem Land vereint, die heute jedoch nach Unabhängigkeit streben und ihren eigene Staat gründen wollen. Folglich setzen viele afrikanische Staaten auf eine starke zentrale Führung, um den Zerfall zu verhindern. Die Stärke des Zusammenhalts der Regionen, könnte durch dezentrales Wassermanagement also negativ beeinträchtigt werden.

5.4 Risiken bei der Implementierung von dezentralem Wassermanagement

Seit Jahrzehnten existieren Projekte u.A. von der Weltbank, der EU und dem African Development Fund zur Implementierung von einem dezentralen Wassermanagementsystem in afrikanischen Staaten. Davon sind einige Initiativen auch gescheitert.

Zu einem wurde die Dezentralisierung in manchen Regionen zu schnell vollzogen. Das hat die Verantwortungsträger überfordert und führte zu einer allgemeinen Desorientiertheit.

Zu anderen konnte die ausreichende Qualifikation von Entscheidungsträgern nicht sichergestellt werden. Regierungen zögerten qualifizierte Mitarbeiter und auch Entscheidungsgewalt an untere Ebenen abzugeben. Dies trat vor allem in der Beschaffung und der Finanzierung von Wasser auf. Dieser Effekt wurde noch verstärkt durch den sogenannten „Brain-Drain": Wenn ein Mitarbeiter aus einem Entwicklungsland ausreichende Qualifikationen erlangt, bevorzugen es viele in Industriestaaten umzusiedeln, wo sie mehr Geld verdienen können.

5.5 Lösung: das richtige Verhältnis von dezentralem und zentralem Wassermanagement

Aus der Analyse von Vor- und Nachteilen von dezentralem Wassermanagement wird geschlussfolgert, dass sich nicht alle Aspekte des Managements für eine Dezentralisierung eignen. Es ist für den Erfolg einer derartigen Initiative wichtig, dass Aufgaben klar zwischen zentralen und dezentralen Institutionen verteilt werden. Im Rahmen dieser Arbeit soll daher das Wassermanagement in geeignete Dimensionen unterteilt werden und basierend auf der Erfahrung aus bisherigen Projekten sowie der theoretischen Argumentation eine Zuordnung von Aufgaben erfolgen. Die Ergebnisse wurden tabellarisch in einer Übersicht dargestellt (s. Tabelle 1) und werden in diesem Abschnitt erläutert.

Die Gesetzgebung oder Legislative sollte in den Händen der zentralen Regierung bleiben. Das ist nötig, um einen Rahmen für das dezentrale Management zu liefern und wichtige Regelungen, z.B. in Bezug auf die Wasserqualität, allgemein festzulegen. Dabei sollte die zentrale Instanz Dialoge mit den Gemeinde koordinieren, die wichtigen Input für die Gesetzgebung liefern. Durch Nähe zu den Konsumenten kennen die lokalen Regierungen deren Bedürfnisse und Probleme beim Wassermanagement besser und können daher beratend tätig sein. Das heißt, dass sie praktisch als Zugang der Zentralregierung zu den Endnutzern dienen.

Bei der judikativen Ebene existieren keine theoretischen Grundlagen. Die einzigen praktischen Beispiele kommen von der vorgestellten Studie von Elinor Ostrom, wo jegliche Art von Auseinandersetzungen auf Gemeindeebene geklärt wurde. Für diese Dimension wird der volkswirtschaftliche Grundsatz empfohlen: lokale Probleme werden von lokalen Institutionen und überregionale Probleme von überregionalen Institutionen gelöst.

Als nächstes folgt die Finanzierung des Wassermanagements. Da das Kapital ohnehin mehrheitlich von der Zentralregierung kommt und lokale Institutionen kaum Zugriff auf andere Quellen haben, sollte dieser Bereich größtenteils bei der Zentralregierung bleiben. Sie kümmert sich um das Akquirieren von Geldgebern, stellt das Budget für Wassermanagement bereit und verteilt es. Die Gemeinden legen dann ihre eigenen Finanzierungsprioritäten fest und sind für die Verwaltung ihres Kapitals verantwortlich. Dabei müssen sie jedoch der Zentralregierung Bericht erstatten, damit diese z.B. in Fall von Korruption eingreifen kann. Dabei wird erwartet, dass die lokalen Regierungen erfahrungsgemäß dem Wassermanagement eine relativ hohe Priorität zukommen lassen, wie oben bereits erläutert wurde.

Die gesamtheitliche Planung im Wassersektor sollte bei der zentralen Regierung bleiben, da diese effizienter agieren kann. Dabei sollten aber immer die Gemeinden konsultiert werden, da sie ähnlich wie der Gesetzgebung wichtigen Input für die Entscheidungsfindung liefern. Bei überregionalen Projekten, die aber dennoch nur Teile des Landes betreffen, sollte die Zentralregierung als Koordinator von Dialogen zwischen den Gemeinden agieren, um die Entscheidungsprozesse zu beschleunigen. Das individuelle Projektdesign und die Ressourcennutzung sollte dann von den dezentralen Institutionen erarbeitet werden, da diese nach der Studie von Ostrom zu besseren Ergebnissen kommen.

Das Gleiche gilt für das technologische Design und die Ausführung von Bauarbeiten. Hier sollte die zentrale Regierung nur agieren, wenn wieder überregionale Dialoge stattfinden. Das gilt insbesondere für die Beschaffung von Wasser. Wenn keine lokale Wasserquelle vorhanden ist, müssen die Gemeinden unter der Leitung der zentralen Regierung zusammenarbeiten, um das Eintreten von negativen Skaleneffekten zu verhindern.

Den Studienergebnissen von Elinor Ostrom zu Folge ist es wichtig, dass Wasseranlagen von den Gemeinden selbst verwaltet werden. Bei dieser Organisation gelingt der Dialog mit Stakeholdern am besten, wobei z.B. Informationen und Wissen über die Systeme verbreitet und ein Bewusstsein für den nachhaltigen Umgang mit Wasser geschafft werden.

Bei dieser Verwaltung müssen die Gemeinden auch die entsprechenden technischen und betriebswirtschaftlichen Daten z.B. zur Wasserqualität oder –nutzung aufnehmen und prüfen. Ein Erfolgs- und Qualitätskontrolle soll jedoch nicht nur lokal sondern auch zentral stattfinden. Dafür müssen alle Daten an die Zentralregierung weitergeleitet werden, die dann eine nationale Kontrolle durchführt, um wenn nötig entsprechende Maßnahmen einleiten zu können.

5.6 Voraussetzungen für die erfolgreiche Implementierung

Der Erfolg eines derartigen Systems hängt jedoch nicht nur von der Implementierung der oben beschriebenen organisatorischen Maßnahmen ab. Darüber hinaus müssen einige Voraussetzungen erfüllt sein:

Der häufigste Grund für das Scheitern von Wasserinitiativen ist die Finanzierung. In Uganda, das als Vorzeigeland für dezentrales Wassermanagement in Afrika gilt, kann regelmäßig mehr als die Hälfte des Finanzierungsvolumens für die Trinkwasserbereitstellung nicht aufgebracht werden (SSIP und CSO2 costing). Damit das begrenzte Kapital dann auch genutzt werden kann, ist es unbedingt notwendig Korruption zu bekämpfen. Wie bereits im oberen Abschnitt erläutert ist es ebenso wichtig die Verantwortungsträger entsprechend zu bilden, um die Qualität von lokalen Entscheidungen zu garantieren.

Als letztes wurde festgestellt, dass Steakholder, die in ein Wasserprojekt involviert sind, möglichst ebenfalls in die zentral.

5.7 Dezentrales Wassermanagement in Uganda

Anhand des Vorzeigebeispiels des dezentralen Wassermanagement in Uganda, soll der vorgeschlagene Lösungsansatz erprobt werden. Im Jahr 1994 startete Uganda seinen Wasseraktionsplan, dessen Ziel es war das Millennium Development Goal der UNO, wonach jeder Mensch Zugang zu sauberen Trinkwasser bekommen soll, binnen 10 Jahren zu verwirklichen.

Vor der Dezentralisierung des Wassersektors förderte Uganda die Ausbildung von Verantwortungsträgern auf „der kleinsten angemessenen Ebene" insbesondere im Bereich Beschaffung und Logistik aber auch in der Durchführung von öffentlichen Ausschreibungen.

Dann folgte Uganda die Aufgabenverteilung bei der Gesetzgebung. Während die zentrale Regierung die immer noch für die Einführung neuer Gesetze zuständig ist, werden die Gemeinden im Wasserbereich dabei stark eingebunden. Auf der kleinsten lokalen Ebene werden die Nutzer direkt zu relevanten Themen befragt und demokratisch in Entscheidungsprozesse eingebunden.

In der Verwaltung wird die Verantwortung jedoch nicht den lokalen Regierungen überlassen, sondern Unternehmen. Diese Unternehmen wiederum sind auf mittleren Ebenen, die verschiedene Gemeinden umfassen und als Sektoren bezeichnet werden, organisiert. Sie unterliegen außerdem einer strengen Kontrolle und müssen regelmäßig der Zentralregierung sowie den lokalen Verantwortungsträgern Bericht über die Qualität der Wasseranlagen erstatten. Dabei müssen sie eine bestimmte Qualität vertraglich garantieren. Diese Verträge werden als „performance contract" oder auch Leistungsvertrag bezeichnet. Für das jährliche Überprüfen der Qualität sowie für die Verteilung des Kapitals ist die Zentralregierung zuständig.

Für die Finanzierung wird das sogenannte „Medium-Term Expenditure Framework" einem Rahmenwerk zur Finanzierungsplanung über drei Jahre angewendet.

Die Beschaffung erfolgt ebenfalls auf mittlerer Ebene, um negative Skaleneffekte zu verhindern. Auf der gleichen Ebene finden das Management des Finanzierungsbudgets sowie die Erfolgskontrolle statt.

Für den Erfolg des dezentralen Wassermanagements in Uganda wird im Vergleich zu anderen Ländern immer wieder Bezug auf die klare Aufgabenverteilung genommen, während z.B. in Senegal Wasserprojekte im Rahmen der Dezentralisierung aus Mangel an klaren Strukturen scheitern. Des Weiteren hat es Uganda geschafft die Überschneidung und Doppelung von Aufgaben zu minimieren. Das unterstreicht die Wichtigkeit einer Übersicht über die verschiedenen Dimensionen des dezentralen Wassermanagements, wie sie in dieser Arbeit angefertigt wurde.

Bei der Evaluierung des Wassermanagements in Uganda wurden aber auch Probleme festgestellt: Es findet wenig Kommunikation zwischen den Gemeindeeinheiten auf mittlerer Ebene statt. Dadurch kommt es zur ineffizienten Verteilung von Ressourcen und Kapital. Das spricht für die Koordinierung von Dialogen durch die Zentralregierung, wofür in dieser Arbeit argumentiert wurde.

Des Weiteren werden in der Erfolgskontrolle je nach Vertrag unterschiedlicher Kennzahlen erfasst, was die Vergleichbarkeit der Sektoren reduziert. Außerdem wird kritisiert, dass zivile Organisationen nicht ausreichend Zugang zu diesen Informationen haben. Da die Verteilung von Kapital auf den Anteil der Bevölkerung der Zugang zu sauberem Wasser hat, basiert, kam es in der Vergangenheit dann zur Manipulation dieses und anderer Werte.

Alles in allem stimmt das dezentrale Wassermanagement größtenteils mit der in dieser Arbeit erstellten Übersicht überein. Allerdings gibt es keine Angaben zur judikativen Dimension.

Darüber hinaus wird aus den gegebenen Informationen geschlussfolgert, dass die Planung von Wasseranlagen auf mittlerer Ebene und der Bau durch Unternehmen durchgeführt werden.

Bis heute hat Uganda seine Ziele nicht erreicht. Da weniger als 50% des Finanzierungsvolumens aufgebracht werden können, scheint dies der Hauptgrund für das Versagen zu sein.

Die Weltbank sowie andere Regierungs- und Nichtregierungsorganisationen bezeichnen Uganda dennoch als Beispiel für sogenanntes „Best Practise", da mit den vorhandenen Mitteln dennoch Fortschritte erreicht werden konnten.

Basierend auf der theoretischen Analyse dieser Arbeit wird ein weiterer Umstand angemerkt, der die Leistung des Wassermanagements beeinträchtigt: in der Studie von Elinor Ostrom wurde festgestellt, dass Wassersysteme einen geringeren Erfolg aufweisen, wenn sie von Unternehmen anstatt den lokalen Regierungen gebaut und verwaltet werden. Die Information der Bevölkerung zu den Anlagen sowie zum nachhaltigen Umgang mit Wasser erfolgt in Uganda nur im Rahmen der Legislative. Aber nicht nur das Wissen, sondern auch das gegenseitige Vertrauen und das Befolgen von Regeln werden gesteigert, wenn ein Wassersystem von einer Gemeinde verwaltet wird. Die anderen Kritikpunkte wurden bereits in früheren Analysen und erfasst.

6   Die Beschaffung und Verteilung von Wasser

Während der Fokus dieser Arbeit auch der betriebswirtschaftlichen Betrachtung von Wassermanagement liegt, kann die technologische Seite nicht außer Acht gelassen werden.

Dazu wird der Weg von der Wasserquelle zum Konsumenten dargestellt. Wasser kann entweder von einem Grundwasserspeicher oder Regen stammen. Dann wird es von privaten oder öffentlichen Institutionen gespeichert bzw. weitergeleitet.

Diese Weiterleitung erfolgt in Industrienationen für gewöhnlich über ein Wassernetzwerk, welches das Gut vor Verunreinigung und Verdunstung am besten schützt. Allerdings gestaltet sich die Planung und Finanzierung von Rohrsystemen für Entwicklungsländer eher schwierig. Bei geringer Bevölkerungsdichte, wie in vielen Sub-Sahara Staaten, lohnt sich ein Netzwerk außerdem nicht für längere Strecken.

In vielen afrikanischen Staaten wird Wasser auch mobil verteilt. Dadurch wird die lokale Wirtschaft gefördert doch ist die Sicherheit des Wassers vor Verunreinigungen fraglich. Zudem ist die Straßenbeschaffenheit in vielen Ländern nicht geeignet für die mobile Distribution. Deshalb sind die Kosten des Gutes für den Endkonsumenten oft relativ hoch.

In den meisten afrikanischen Ländern stellen sogenannte Punktquellen mit einem Marktanteil von 60 bis 70% das meiste Wasser zur Verfügung. Diese Punktquellen können z.B. Läden Supermärkte, Unternehmen oder auch Nachbarn sein. Hier ist wieder die Sicherheit vor Verunreinigungen fraglich. Allerdings wird wieder die lokale Wirtschaft gefördert. Darüber hinaus entsteht bei dieser Verteilung jedoch auch viel Abfall in Form von Plastikflaschen.

Eine direkte Abnahme bietet sich an wenn vor Ort eine Wasserquelle verfügbar ist. Die Sicherheit vor Verunreinigungen kann nicht garantiert werden aber hier entstehen die niedrigsten Kosten für die Endverbraucher.

Aus dieser Analyse wurde ein Entscheidungsbaum zur Wasserbeschaffung und Distribution angefertigt, in dem u.A. auch nach urbanen und ländlichen Gegenden unterschieden wird. Wenn das Grundwasser vorhanden ist, kann dieses genutzt werden. Wenn dies jedoch nicht der Fall ist muss Regenwasser bis zur nächsten Regenzeiten gespeichert werden. Je nach Finanzierung entsteht daraus eine private oder öffentliche Wasserquelle.

In urbanen Regionen bieten sich der Bau von Rohrsystemen an sowie die Distribution durch Punktquellen. In ländlichen Gegenden lohnt sich ein Netzwerk aufgrund der hohen Distanzen oftmals nicht. Hier wird eine direkte Abnahme oder eine Verteilung über Punktquellen an. Die mobile Distribution wurde hier in keinem Fall empfohlen, da sie hohe Kosten für den Endverbraucher kreiert, den Verkehr belastet und die Straßenbeschaffenheit in den relevanten Ländern diese Distributionsart oft nicht ermöglicht.

7   Zusammenfassung und Fazit

Basierend auf der Grundfeststellung dass es sich bei Wassermangel um ein ökonomisches Problem handelt, wurde eine theoretische Analyse des Problems angefertigt, welche die Ursachen dieser Thematik näher ergründet.

Infolgedessen wurden allgemeine Empfehlungen für die erfolgreiche Verteilung des Allmendeguts Wasser betrachtet und das dezentrale Wassermanagements tiefgründiger erörtert.

Daraufhin wurde festgestellt, dass die Übertragung aller Aufgaben auf „die kleinste angemessene Ebene" verschiedene Nachteile mit sich bringt und eventuell bestimmte riesigen begünstigt. Daraus wurde geschlussfolgert, dass eine sinnvolle Verteilung von Aufgaben zwischen der zentralen und den dezentralen Regierungen nötig ist, um von den Vorteilen des dezentralen Managements zu profitieren und gleichzeitig dessen Nachteile zu eliminieren sowie Risiken zu minimieren. Allerdings basierte Erfolg einer derartigen Umstrukturierung auch auf verschiedenen anderen Faktoren, die in dieser Arbeit ermittelt worden. Der Erfolg des dezentralen Wassermanagements in Uganda, wo viele Parallelen zu der erarbeiteten Übersicht nachgewiesen werden konnten, bestätigt das beschriebene Konzept.

Darüber hinaus wurde ein Überblick über Technologien zur Beschaffung und Verteilung von Wasser gegeben, auf welche in folgenden Arbeiten insbesondere im Hinblick auf die Zusammenarbeit kleiner organisatorischer Einheiten und das Überbrücken großer Distanzen eingegangen werden sollten.

Alles in allem reicht eine effiziente Organisation leider nicht aus um den Trinkwassermangel zu beenden. Allerdings bietet sie das Rahmengerüst für die effiziente Nutzung von Kapital, sodass Entwicklungshilfen nicht in Korruption, Hierarchien, ineffizienten Technologien und einem unnötig großem Verwaltungsapparat untergehen. Deshalb ist es wichtig, dass im Rahmen von Entwicklungshilfen nicht nur Kapital und Technologien zur Verfügung gestellt werden, sondern auch die Gestaltung der Organisation sowie die Planung und Umsetzung von Maßnahmen beinhaltet ist. Nur durch eine Kombination dieser Hilfen kann erreicht werden, dass in Zukunft jeder Mensch Zugang zu sauberem Trinkwasser bekommt.

8   Tabellenverzeichnis

Tabelle 1 Dimensionen

	Dezentral	Zentral
Legislative	• Konsultation bei Gesetzgebung	• Koordinierung von Dialogen • Gesetze und Regelungen im Wassersektor
Judikative	• Lokale Probleme	• Überregionale Probleme
Finanzierung	• Festlegung von Finanzierungsprioritäten • Management eines eigenen Wasserbudgets • Berichterstattung	• Akquirieren von Geldgebern • Bereitstellung und Zuteilung des nationalen und regionaler Wasserbudgets • Kontrolle der lokalen Finanzierung
Planung	• Konsultation bei Planung Projektdesign • Ressourcennutzung	• Koordinierung von Dialogen • Gesamtheitliche Planung im Wassersektor
Dau / Beschaffung / Kauf	• Technologisches Design • Ausführung	• Koordinierung von Dialogen • Überregionale Beschaffung / Bau
Verwaltung	• Bewusstsein schaffen • Informationsverbreitung, Bildung • Dialog mit Stakeholdern vor Ort	• Dialog mit überregionalen Stakeholdern
Kontrolle	• Datenerfassung und -weiterleitung • Lokale Qualitätskontrolle / Erfolgskontrolle	• Nationale Qualitätskontrolle / Erfolgskontrolle

9   Literaturverzeichnis

World Bank. (2006). *Approaches to Private Sector Participation.*

Anna Nagl. (2013). *Dezentrale (Teil-)Planungen der Organisationseinheiten.* Springer.

British Geological Survey, MacDonald, A M, Bonsor, H C, Ó Dochartaigh, B E, Taylor, R G. .

   (kein Datum). *Digital groundwater maps of Africa.* Abgerufen am 2012 von

   http://www.bgs.ac.uk/research/groundwater/international/africanGroundwater/mapsD

   ownload.html

Diercke   2.   (kein   Datum).   *Afrika   -   Temperaturen   im   Januar.*   Von

   https://www.diercke.de/content/afrika-temperaturen-im-januar-978-3-14-100800-5-

   148-1-1 abgerufen

Diercke   3.   (kein   Datum).   *Afrika   -   Temperaturen   im   Juli.*   Von

   https://www.diercke.de/content/afrika-temperaturen-im-juli-978-3-14-100800-5-148-2-

   1?&stichwort=Innertropische+Konvergenz+%28ITC%29 abgerufen

Diercke.   (kein   Datum).   *Niederschläge   im   Jahr.*   Von

   https://www.diercke.de/content/niederschl%C3%A4ge-im-jahr-978-3-14-100700-8-

   132-3-0 abgerufen

Elinor Ostrom. (2015). *Governing the Commons: The Evolution of Institutions for Collective*

   Action.

Elinor Ostrom et. al. (1994). *Institutions, Incentives and Irrigation in Nepal.* Von

   http://citeseerx.ist.psu.edu/viewdoc/download?doi=10.1.1.452.9123&rep=rep1&type=

   pdf abgerufen

Foster, Vivien et al. (2006). *Africa Infrastructure Country Diagnostic Descriptive Manual:*

   Water Supply and Sanitation Performance Indicators.

Gender and Development Group, World Bank. (2007). *Water, Sanitation and Gender Briefing*

   Notes. Washington.

Gifex. (kein Datum). *Africa's climate zones.* Von http://www.gifex.com/detail-en/2009-11-07-

   10911/Africa-climate-zones.html abgerufen

gkMotivates. (21. Oktober 2016). *Maslowsche Bedürfnispyramide.* Von https://www.gkmotivates.com/maslowsche-beduerfnispyramide/ abgerufen

Global Water Partnership (GWP) . (2005). *Integrated Water Resources Management Plans: Training Manual and Operational Guide.* Stockholm.

Globalization Studies. (kein Datum). *Water supply and sanitation coverage in Africa.* Von https://globalizationstudies.sas.upenn.edu/node/746 abgerufen

Helmut Wannenwetsch. (2006). Beschaffungsstrategien. In *Integrierte Materialwirtschaft und Logistik.* Springer.

Hongtao Wang, Tao Wang, Bingru Zhang, Fengting Li, Brahima Toure, Isaiah Bosire Omosa, Thomas Chiramba, Mohamed Abdel-Monem, Mahesh Pradhan. (5. April 2013). *Water and Wastewater Treatment in Africa –.* Von http://onlinelibrary.wiley.com/doi/10.1002/clen.201300208/abstract abgerufen

landkartenindex. (kein Datum). *Weltweite Bevölkerungsdichte.* Von http://landkartenindex.blogspot.de/2017/01/weltweite-bevolkerungsdichte-in-afrika.html abgerufen

Markus Nüttgens. (2017). *Koordiniert-dezentrales Informationsmanagement.* Springer.

Rees, Judith, Winpenny, James and Hall, Alan W. (2008). *Water as a Social and Economic Good.*

Sudeshna Ghosh Banerjee and Elvira Morella (World Bank). (2011). *Africa's Water and Sanitation Infrastructure.* Von https://openknowledge.worldbank.org/bitstream/handle/10986/2276/608040PUB0Afri10Box358332B01PUBLIC1.pdf?sequence=1 abgerufen

UNCED. (1992). *The Dublin Statement on Water and Sustainable Development.* Von http://www.wmo.int/pages/prog/hwrp/documents/english/icwedece.html abgerufen

Unicef. (2008). *Trinkwasser.* Von https://www.unicef.de/informieren/projekte/unicef-ziele-110800/trinkwasser-111260 abgerufen

United Nations Department of Economic and Social Affairs. (kein Datum). *International Decade for Action "Water for Life" 2005-2015.* Von http://www.un.org/waterforlifedecade/africa.shtml abgerufen

Väder, Meteo Group. (kein Datum). *Temperatur Afrika.* Von http://www.vader-alarm.se/de/wetter/profiwetter/temperatur/afrika.html abgerufen

Water Partnership Program WPP, The African Development Bank,. (2010). *Water Sector Governance.* Abgerufen am 2018 von https://www.afdb.org/fileadmin/uploads/afdb/Documents/Project-and-Operations/Vol_1_WATER_SECTOR_GOVERNANCE.pdf

World Bank - Water and Sanitation Program Africa Region. (2015). *Water Supply and Sanitation in Uganda.* Von http://www.wsp.org/sites/wsp.org/files/publications/CSO-uganda.pdf abgerufen

World Bank. (kein Datum). *Africa Infrastructure Country Diagnostic (AICD), Africa's Infrastructure: a Time for Transformation 2010.*

World Bank, OECD. (2008). *Private Sector Participation in Water Sector Infrastructure.* Washington.

BEI GRIN MACHT SICH IHR WISSEN BEZAHLT

- Wir veröffentlichen Ihre Hausarbeit,
  Bachelor- und Masterarbeit

- Ihr eigenes eBook und Buch -
  weltweit in allen wichtigen Shops

- Verdienen Sie an jedem Verkauf

Jetzt bei www.GRIN.com hochladen
und kostenlos publizieren